ANALIZA KSIĄŻKI

Skąpiec
· · · · · · · · · · · · · · · ·

Molière

ANALIZA KSIĄŻKI

Napisany przez Florence Meurée
Przetłumaczony przez Kâmil Kowalski

Skąpiec

MOLIÈRE

MOLIÈRE

FRANCUSKI DRAMATURG, AKTOR I INSCENIZATOR

- **Urodził się w Paryżu w 1622 r.**

- **Zmarł tam w 1673 r.**

- **Godne uwagi prace:**

  - *Don Juan* (1665), komedia

  - *Skąpiec* (1668), komedia

  - *Mieszczanin szlachcicem* (1670), komedio-balet

Autor, reżyser, scenograf i aktor, Molier (naprawdę nazywał się Jean-Baptiste Poquelin) urodził się w Paryżu w 1622 roku w zamożnym mieszczaństwie. Bardzo wcześnie zdecydował się na karierę teatralną i założył wraz z aktorką Madeleine Béjart zespół Illustre Théâtre. Po dwunastu latach wędrówek teatralnych po prowincjach powrócił do Paryża, gdzie został zauważony przez Ludwika XIV, który przyjął go na swoje usługi.

Pisał głównie komedie, w których pod przykrywką humoru uwypuklał wady współczesnych mu ludzi (pyszałkowatość, pedanteria, skąpstwo itp.) oraz krytykował XVII-wieczne społeczeństwo (autorytarni ojcowie, hipokryzja religijna, znachorzy itp.) Jego liczne sztuki są do dziś wpływowe, co czyni Moliera jednym z najważniejszych autorów klasycznego wieku.

SKĄPIEC

EMBLEMATYCZNA POSTAĆ W TEATRZE MOLIERA

- **Gatunek:** komedia
- **Wydanie referencyjne:** Molière, J-B. (2000) *The Miser and Other Plays*. London: Penguin Books Ltd.
- **Pierwsze wydanie:** 1668
- **Tematy:** mieszczaństwo, małżeństwo, podstęp, chciwość, pieniądze, miłość

Skąpiec to komedia w pięciu aktach napisana prozą. Po raz pierwszy została wystawiona w 1668 roku w Théâtre du Palais-Royal. Akcja rozgrywa się w Paryżu. Zainspirowana *Aulularią* Plauta (komiczny poeta łaciński z III wieku p.n.e.), opowiada historię Harpagona, starego mieszczanina z obsesją na punkcie pieniędzy, który utrudnia realizację sentymentalnych projektów dwójki swoich dzieci, Elizy i Kleanta. W końcu dostają to, czego chcą, dzięki dramatycznemu zwrotowi akcji w ostatnim akcie.

Jak na ironię, *Skąpiec* nie odniósł wielkiego sukcesu w chwili premiery, ale dziś stał się jedną z najczęściej wystawianych sztuk Moliera. Co do Harpagona, jest on jedną z emblematycznych postaci teatru Moliera.

PODSUMOWANIE

AKT I

Eliza i Walery są w sobie zakochani. Młodzieniec, po uratowaniu jej przed utonięciem, wyrzekł się ojczyzny i statusu społecznego, by być z nią. Rzeczywiście, zaczyna służyć Harpagonowi, ojcu Elizy, i stara się zdobyć jego przychylność, nieustannie mu schlebiając.

Kleant, brat Elizy, jest zakochany w Mariannie, młodej dziewczynie, która właśnie przeprowadziła się do dzielnicy. Nie jest ona bogata i opiekuje się swoją chorą matką. Cierpi, gdyż nie może zadeklarować swoich uczuć z powodu chciwości ojca, który nic mu nie daje. Jednak Kleant planuje z nią odejść, gdyby ojciec odmówił mu związku z tą, którą kocha. Aby to zrobić, będzie musiał pożyczyć pieniądze.

Pieniądze, które posiada Harpagon, stanowią dla niego chorobliwą obsesję: obawia się, że ogród nie jest wystarczającą kryjówką dla jego dziesięciu tysięcy koron.

Staruszek porusza ze swoimi dziećmi temat małżeństwa. Pyta syna, co sądzi o Marianna. Pełen nadziei Kleant chwali ją, ale jego entuzjazm szybko ustępuje zdumieniu, gdy Harpagon oznajmia, że chce poślubić młodą kobietę.

Harpagon przeznacza wdowę po swoim synu, a córkę bogatemu lordowi, Anzelmowi. W odpowiedzi na protesty Elizy postanawia wydać ją za mąż jeszcze tego samego wieczoru.

AKT II

Kleant zwierza się Strzałce, swojemu lokajowi, że ojciec jest jego rywalem w miłości. Ponadto, dzięki Mistrzowi Simonowi, młodzieniec uzyskuje pożyczkę, ale na bardzo złych warunkach, co złości Kleanta. Obaj mężczyźni spotykają Mistrza Simona w towarzystwie Harpagona i wszyscy orientują się, że Harpagon jest lichwiarzem Kleanta. Ojciec i syn kłócą się, każdy z nich uważa postawę drugiego za niewybaczalną.

Frozyna, w interesach z Harpagonem, informuje go, że uzyskała zgodę matki Marianny na ich małżeństwo. Zapowiada również, że Marianna będzie obecna przy ślubie Elizy. Harpagon obawia się o pieniądze, które mógłby zarobić dzięki temu związkowi i obawia się, że mógłby nie spodobać się młodej kobiecie. Pod koniec ich rozmowy Frozyna prosi o zapłatę, ale on ją odtrąca.

AKT III

Starając się ograniczyć wydatki, Harpagon wydaje różne polecenia dotyczące organizacji przyjęcia weselnego. Wspierany przez Walerego, prosi Mistrza Jakuba (zarówno swojego woźnicę, jak i kucharza) o zmniejszenie ilości jedzenia na posiłek. Zdenerwowany Mistrz Jakub oskarża Walerego o pochlebstwo i stwierdza, że Harpagon jest pośmiewiskiem. Za to zostaje kolejno pobity przez obu mężczyzn. Czując wielką urazę, przysięga zemścić się.

Marianna i Frozyna przybywają do domu Harpagona. Marianna wyznaje Frozynie swoją miłość do Kleanta. Nie ma ochoty na małżeństwo z Harpagonem, którego uważa za okropnego. Tymczasem Kleant oświadcza, że nie jest przychylny pomysłowi, by Marianna została jego macochą. Następnie, na oczach wszystkich, pod pretekstem wystąpienia w imieniu ojca, deklaruje jej miłość. Organizuje na jej cześć piknik w ogrodzie i ofiarowuje jej pierścień należący do Harpagona, co go rozwściecza.

AKT IV

Zdeterminowani, by się ze sobą zaręczyć, Marianna i Kleant szukają rozwiązania swoich trudności. Młoda kobieta zamierza wyznać wszystko matce, aby zyskać jej wsparcie.

Harpagon widzi, jak Kleant całuje rękę Marianny. Następnie rozpoczyna dyskusję z synem i pyta go o zdanie na temat przyszłej macochy. Kleant mówi coś zupełnie przeciwnego niż on myśli. Obłudny Harpagon twierdzi, że to wstyd, bo właśnie zmienił zdanie i postanowił dać mu Mariannę. Kleant wyznaje wtedy swoje uczucia do młodej kobiety, ale Harpagon odmawia jej oddania. Kłócą się zażarcie, a Mistrz Jakub próbuje załagodzić ich spór, lecz bezskutecznie.

Strzałka kradnie skarb Harpagona i pokazuje go Kleantowi. Harpagon szybko zauważa zniknięcie swojej kasetki z pieniędzmi. Jest zdesperowany i chce iść do sądu, aby ją odzyskać.

AKT V

Harpagon wynajmuje komisarza do przeprowadzenia śledztwa. Mistrz Jakub, który przypadkiem się na nich natyka, zostaje zapytany, co wie o kradzieży. Widząc w tym dobrą okazję do zemsty na Walerym, mężczyzna oskarża go o odpowiedzialność za zbrodnię.

Do pokoju wchodzi Walery. Harpagon próbuje go skłonić do przyznania się do kradzieży. Jego oskarżenia są niejasne, co powoduje ogromne nieporozumienie: Walery uważa, że dyskusja dotyczy jego miłości do Elizy. Usprawiedliwia swoje postępowanie i oznajmia, że Eliza podpisała obietnicę poślubienia go. Oszalały z gniewu Harpagon chce kazać powiesić Walerego. Eliza tłumaczy, że młodzieniec uratował jej życie, ale jego to nie obchodzi.

Następnie wchodzi lord Anzelm. Harpagon tłumaczy mu, że Walery jest zdrajcą, który włamał się do jego domu, aby ukraść mu pieniądze i córkę. Walery nie rozumie zarzucanej mu zbrodni i upiera się, że jest synem szlachcica, Don Thomasa d'Alburcy.

Anzelm twierdzi, że jest on oszustem, gdyż Don Thomas d'Alburcy zginął wraz z rodziną w katastrofie statku sześć lat temu. Walery odpowiada, że ich syn – on sam – jednak przeżył. Po latach, dowiedziawszy się, że ojciec żyje, wyruszył na jego poszukiwanie.

Wypowiedzi Walerego wywołują zdumienie. Marianna wyjaśnia z kolei, że jest córką Don Thomasa d'Alburcy: ona i jej matka również przeżyły zatonięcie. Anzelm wyznaje, że jest ich ojcem i cała trójka obejmuje się pod spojrzeniem Harpagona, który nic nie rozumie, ale nalega na zwrot pieniędzy.

Kleant mówi ojcu, że odzyska jego pieniądze, jeśli ten zgodzi się dać mu Mariannę za żonę. Anzelm namawia Harpagona do wyrażenia zgody na oba małżeństwa, co ten czyni, pod warunkiem, że nie musi za nic płacić.

Strzałka dyskretnie kładzie kasę na stole; Harpagon widzi ją i jest przepełniony radością.

STUDIUM POSTACI

HARPAGON

Owdowiały mieszczanin Harpagon ma dwoje dzieci, Elizę i Kleanta. Interesuje go tylko jedno: pieniądze. Jedynym wydarzeniem, które nie dotyczy kwestii porządku ekonomicznego, jest jego małżeństwo z Marianną. Harpagon stara się przypodobać młodej kobiecie do tego stopnia, że staje się groteskowy. Rzeczywiście, stara się wyglądać na starszego i nosi okropne okulary, bo Frozyna powiedziała mu, że Marianna lubi tylko starych, słabo widzących mężczyzn. Jednak nawet w jego sentymentalnych sprawach szybko powraca obsesja Harpagona: martwi go perspektywa małżeństwa ze skromną kobietą, która nie przyniesie żadnej wartości pieniężnej.

Jego zachowanie wywołuje wrogość wszystkich: Kleant i Eliza kłócą się z nim, Frozyna ściga go, gdyż nie zapłacił jej za pracę w charakterze swatki, a Strzałka chce, by cierpiał za swoją chciwość ("On prawie daje mi, przez swoje sposoby postępowania, pragnienie okradzenia go, a ja powinnam myśleć, że czyniąc to, dokonywałam zasłużonego czynu", Akt II, Scena I).

Harpagon jest też egoistyczny, bezkompromisowy, autorytarny i irytujący, ceni sobie pochlebstwa (głównie ze strony Frozyny i Walerego).

Jest jedną z postaci Moliera, które doczekały się największej potomności. Kolejna antonomazja tego (figura retoryczna, "w której osoba jest określana przez wspólne imię lub okólnik, który ją definiuje, lub odwrotnie, w której osoba jest określana przez imię postaci, której cechę definiującą podziela", *Petit Robert 2007*): "Harpagon" oznacza człowieka, który wykazuje się wielką chciwością.

KLEANT

Syn Harpagona, Kleant, jest zakochany w Mariannie. Jest zdecydowany prowadzić swoje życie tak, jak chce, nawet jeśli ojciec przeszkadza mu w realizacji planów. Dlatego też, ponieważ nie otrzymuje nic od Harpagona, zarabia na hazardzie i podejmuje kroki w celu uzyskania pożyczki. Ponadto zwierza się siostrze, że postanowił uciec z Marianną, jeśli będzie to konieczne.

Kiedy zdaje sobie sprawę, że Harpagon rywalizuje z nim w sferze uczuciowej, nie waha się stanąć przeciw niemu. Okazuje się nawet odważny, jak np. wtedy, gdy w obecności ojca wyznaje swoje uczucia Mariannie. Kleant jest więc postacią, która najsilniej przeciwstawia się Harpagonowi.

Przy kilku okazjach Kleant otrzymuje cenną pomoc od Strzałki. Ten ostatni jest szczególnie przydatny, gdy udaje mu się ukraść kasę Harpagona. Rzeczywiście, kradzież ta pozwala Kleantowi szantażować ojca, uzyskując w końcu rękę Marianny.

MARIANNA

Marianna niedawno przybyła do dzielnicy Paryża, w której rozgrywa się akcja. Zostaje opisana przez Kleanta w następujący sposób:

Młoda dziewczyna [...], która zdaje się być stworzona do wzbudzania miłości u wszystkich, którzy ją widzą [...]. Wszystko, czego się podejmie, robi w najbardziej czarujący sposób; a we wszystkich jej działaniach lśni cudowny wdzięk, najbardziej ujmująca łagodność, godna podziwu skromność [...]. (Akt I, Scena 2)

Młoda kobieta prowadzi skromne życie i opiekuje się swoją matką. W ostatnim akcie następuje ujawnienie ich prawdziwej tożsamości: obie kobiety są odpowiednio córką i żoną Don Thomasa d'Alburcy. Przeżyły katastrofę statku, która miała miejsce szesnaście lat temu i zostały zmuszone do bycia niewolnicami piratów. Po odzyskaniu wolności wróciły do Neapolu, swojego rodzinnego miasta, gdzie nie pozostał żaden z ich majątków. Następnie wyjechały, by ostatecznie osiąść w Paryżu.

Marianna kocha Kleanta i czuje opór na myśl o poślubieniu Harpagona. Wydaje się, że dwoje młodych ludzi znalazło się w ślepym zaułku, ale ich problemy stopniowo zostają rozwiązane. Po pierwsze, matka Marianny pozwala jej wybrać mężczyznę, którego chce poślubić. Następnie Anzelm, który tak się składa, że jest jej ojcem, również popiera ich związek. Wreszcie Harpagon, wierny sobie, decyduje się ją oddać, by odzyskać swoją kasę.

WALERY

Walery dąży do poślubienia Elizy. Aby to osiągnąć, przewiduje dwa rozwiązania:

- Odszukać swą rodzinę. Rzeczywiście, młodzieniec wierzy, że szlachetność jego krwi przekona Harpagona do zgody na małżeństwo z jego córką: "Jeśli jednak uda mi się odnaleźć moich rodziców, na co mam pełną nadzieję, wkrótce będą nam przychylni" (Akt I, Scena 1);

- Tymczasem Walery staje się sługą Harpagona, aby spróbować zrobić na nim dobre wrażenie i pozostać u boku Elizy. Walery wie, że Harpagon lubi być chwalony za swoje pomysły. Dlatego zawsze zgadza się z tym, że ma on rację. Ta rola, którą przyjmuje, będzie nieustannie powodować jego uprzedzenia: zostaje zdradzony przez Mistrza Jakuba, który oskarża go o kradzież kasy. Aby udowodnić swoją niewinność, Walery wyjaśnia, że jest synem Don Thomasa d'Alburcy. Po katastrofie statku został przygarnięty i wychowany przez kapitana hiszpańskiego statku.

ELIZA

Eliza, córka Harpagona, jest namiętnie zakochana w Walerym, odkąd ten uratował ją przed utonięciem. Dzieli głęboką więź z bratem, dla którego jest powiernikiem. Oboje są od siebie zależni, gdy przychodzi im bronić swojej sprawy przed Harpagonem.

Eliza wykazuje się odwagą, gdy ośmiela się wyrazić Harpagonowi swoją odmowę poślubienia lorda Anzelma. Niestety, jej protesty wywołują jedynie irytację Harpagona, który w konsekwencji postanawia wydać ją za mąż tego samego dnia. Zdeterminowana, by nie poddać się decyzjom ojca, podpisuje obietnicę poślubienia Walerego. Przybycie Anzelma i ostateczne rozstrzygnięcie rozwiązują problemy młodej kobiety.

ANZELM

Anzelm jest człowiekiem, za którego Harpagon chce wydać córkę, gdyż spodziewa się uzyskać z tego związku zysk: jest bogaty, a według jego wiedzy nie ma dzieci z pierwszego małżeństwa i zgadza się wziąć Elizę za żonę bez posagu.

Lord Anzelm pojawia się dopiero pod koniec sztuki i reprezentuje *deus en machine* (postać lub wydarzenie, które przynosi nieoczekiwany zwrot w beznadziejnej sytuacji lub tragedii). Rzeczywiście, jego interwencja pozwala na szczęśliwe zakończenie dla młodych par. Objawienie jego prawdziwej tożsamości przychodzi niczym bomba: Anzelm to tak naprawdę Don Thomas d'Alburcy. Myślał, że jest jedynym ocalałym z katastrofy statku i w obawie o swoje życie w Neapolu sprzedał swój majątek, zmienił tożsamość i wyjechał do Francji.

Przepełniony radością po połączeniu się z rodziną, ten hojny człowiek zgadza się zapłacić za śluby dwójki swoich dzieci.

ANALIZA

MIŁOŚĆ I PIENIĄDZE: SIŁY STOJĄCE ZA DZIAŁANIEM

Skąpiec przedstawia konflikt między Harpagonem a dwiema młodymi parami. Jednak opozycja między nimi odbywa się także z punktu widzenia tego, co motywuje ich działania: podczas gdy chciwość Harpagona dyktuje każdą jego decyzję, Kleant, Marianna, Walery i Eliza działają z miłości.

Etymologia nazwy "Harpagon" jest znacząca sama w sobie. *Harpago* to klasyczny termin łaciński oznaczający "pazerny". Bohater sztuki jest więc skazany na dokonywanie wyborów i działań zgodnie z jego chciwością:

- Szuka oszczędności na wszelkie sposoby: ubiera się w stare ubrania, nie karmi odpowiednio koni, nie daje pieniędzy swoim dzieciom (Kleant mówi: "Bo czyż jest coś bardziej okrutnego niż ta podła gospodarka, której jesteśmy poddani? ta dziwna nędza, w której każą nam się nurzać?", Akt I, Scena 2), odmawia córce pięknego wesela i pozostaje nieczuły, gdy Frozyna prosi go o wynagrodzenie za wykonane usługi;

- Udaje mu się zarobić: pożyczka, której zgadza się udzielić Mistrzowi Simonowi, przedstawia wyższe oprocentowanie, a on sam cieszy się na myśl, że jego córka wychodzi za Anzelma, bogatego człowieka;

- Niespokojny i paranoiczny, obawia się kradzieży. Dlatego często odwiedza ogród, w którym zakopane są jego pieniądze. Jest podejrzliwy wobec wszystkich: dokładnie przeszukuje Strzałkę, zanim wpuści go do domu, oskarża własnego syna o kradzież pieniędzy i podejrzewa wszystkich w mieście o kradzież jego kasy.

Natarczywość, z jaką Molier obnaża chciwość swojej osobowości, czyni ze *Skąpca* komedię, w której autor krytykuje postawy i przywary ludzkie. Podobnie jak w innych sztukach (*Świętoszek*, *Mizantrop*, *Chory z urojenia* itd.) dramaturg portretuje człowieka, którego wady mają nieszczęśliwe konsekwencje dla otoczenia. Wybór ten wpływa na sposób pisania, zwłaszcza na słownictwo: pole leksykalne pieniądza powraca w mowie Harpagona ("pożyczka", "korony", "posag", "opłaty" itp.).

Jednak sztuka stara się być także komedią obyczajową, satyrą społeczną na mieszczaństwo, klasę wznoszącą się XVII wieku. Harpagon, mieszczanin, jest wtedy przeciwstawiony szlachcicowi Anzelmowi, który nie waha się wydawać swoich pieniędzy, aby zapewnić szczęście swoim dzieciom.

Zachowanie czwórki młodych ludzi jest, w przeciwieństwie do zachowania Harpagona, w pełni kierowane przez uczucie miłości:

- Kleant planuje ucieczkę z Marianną i w przeciwieństwie do ojca cieszy się, że będzie mógł pomóc dziewczynie finansowo:

> *Czy wyobrażasz sobie, moja siostro, jakie to musi być szczęście poprawiać stan tych, których kochamy; umiejętnie przynosić ulgę skromnym pragnieniom cnotliwej rodziny? (Akt I, Scena 2)*

- Marianna przekonuje matkę, by zrezygnowała z pierwszego wyboru, jakiego dokonała w sprawie małżeństwa córki;

- Eliza nie słucha autorytetu ojca, podpisując obietnicę poślubienia Walerego;

- Walery z miłości do Elizy uniża się, by stać się sługą Harpagona, wobec którego zachowuje się obłudnie.

Działania te wydają się naganne w świetle XVII wiecznych obyczajów. Jednak spotkały się ze zgodą społeczeństwa, ponieważ zagrażają interesom podłego człowieka i są motywowane słuszną sprawą.

ZASOBY KOMEDII

Mimo początkowo mrocznego tematu – izolacji ojca z powodu tyranii, jaką wywiera na otaczających go ludzi – *Skąpiec* jest komedią. Dlatego sztuka ma na celu wywołanie śmiechu. Mając to na uwadze, Molier wykorzystuje różne formy komedii obecne w teatrze.

- Komedia charakterów, oparta na osobowości bohatera: dramaturg wyolbrzymia wady Harpagona, czasem aż do poziomu karykatury, co ośmiesza go (np. upór, z jakim przeszukuje Strzałkę przed zwolnieniem go, Akt I, Scena 3);

- Komedia sytuacyjna, oparta między innymi na nieporozumieniu (brak zrozumienia, który polega na braniu czegoś lub kogoś za coś lub kogoś innego): tak jest w przypadku, gdy Walery myśli, że Harpagon oskarża go o to, że zabrał mu Elizę, gdy starzec mówi o swojej kasie:

Walery: Wszystkie moje pragnienia ograniczały się do przyjemności wzroku i nic zbrodniczego nie sprofanowało namiętności, jaką natchnęły mnie te piękne oczy.

Harpagon: Piękne oczy mojej kasetki! Mówi o niej jak kochanek o swojej kochance.

(Akt V, Scena 3);

- Komizm gestów, związany z mimiką twarzy (np. okropne powietrze, w jakim Harpagon poznaje Mariannę, Akt III, Scena 5), upadki (Harpagon zostaje rzucony na ziemię przez jednego ze swoich służących, Szczygiełka, Akt III, Scena 9), a nawet kary cielesne wymierzane sobie nawzajem przez bohaterów (Walery bije Mistrza Jakuba kijem, Akt III, Scena 2);

- Komedia słowna, która polega głównie na kalamburach.

SKĄPIEC – DOBRY PRZYKŁAD INTERTEKSTUALNOŚCI

Aby skomponować swoją sztukę, Molier czerpał z różnych źródeł:

- Inspiracją *dla* niego była *Aulularia* Plauta, komedia napisana około 200 roku p.n.e. Ramy tej antycznej sztuki zostały ponownie wykorzystane w *Skąpcu*: Euklion, stary człowiek, znajduje garnek pełen złota. Dręczy go myśl o jego kradzieży, która w końcu następuje. Molier bierze też z Plauta bardziej precyzyjne fragmenty scen, takie jak słynny monolog Harpagona (akt IV, scena 7). Poprzez to nawiązanie do teatru łacińskiego Molier przyjmuje postawę, która była bardzo zalecana w jego czasach, a mianowicie naśladowanie klasyków;

- Ideę ojca pożyczającego pieniądze synowi można znaleźć już w *La Belle Plaideuse* (1655) Boisroberta (poeta francuski, 1592-1662);

- *Supozycja* (1509) Ariosto (włoski pisarz i poeta, 1474-1533) opowiada o młodym człowieku, który jest na służbie u ojca tej, którą kocha. Dochodzi do konfliktu między innym sługą (tu mistrzem Jakubem), a w końcu młodzieniec ponownie odnajduje ojca i tym samym odzyskuje swój status społeczny.

Luigi Riccoboni, włoski aktor i pisarz XVIII wieku, stwierdził, że "w całej komedii *Skąpiec* nie można znaleźć czterech scen, które rzeczywiście zostały wymyślone przez Moliera". Nie wpływa to jednak na zasługi dramaturga. Rzeczywiście, tą sztuką udowadnia on swój talent, aranżując różne źródła tak, by stworzyć oryginalne dzieło.

DALSZA REFLEKSJA

KILKA PYTAŃ DO PRZEMYŚLENIA...

* *Skąpiec* zwraca uwagę na wady człowieka. Czy po przeanalizowaniu zarówno sądów wydanych przez innych bohaterów na temat Harpagona, jak i wyniku sztuki, uważasz, że Molier chciał poprzez swoje pisarstwo podkreślić morał potępiający chciwość?

* Jean-Jacques Rousseau, słynny pisarz i filozof XVIII wieku, wydał bardzo krytyczny osąd *Skąpca*: "To wielka przywara być skąpym i udzielać pożyczki, ale czyż nie jest jeszcze większą przywarą dla syna okradać ojca, nie szanować go [...]? [...] Jeśli żart jest dobry, czy to czyni go mniej godnym potępienia? I czy sztuka, w której każe się kochać bezczelnego syna, który spłatał figla, nie jest mniej moralną opowieścią?". Czy zgadzasz się z tym stwierdzeniem? Uzasadnij swoją odpowiedź.

* W jakim stopniu *Skąpiec* może być postrzegany jako sztuka o ukrywaniu i tajemnicach? Jakie są skutki tego ukrywania?

* Pisząc swoją sztukę, Molier inspirował się różnymi wcześniejszymi dziełami, ale czerpał też z elementów z prawdziwego życia, zwłaszcza z życia prywatnego. Jak można wytłumaczyć takie podejście?

* Balzac, pisarz realistyczny XIX wieku, powiedział: "Z Harpagonem Molier stworzył skąpstwo; z ojcem Grandetem stworzyłem skąpca". Czy porównując Harpagona i Grandeta,

możemy przyjąć, że Balzac czerpał inspirację do budowy swojego bohatera ze *Skąpca*? Czy uważasz, że obu autorom przyświecał ten sam cel?

- Czy możemy określić *Skąpca* jako "czarną komedię"?

- Czy uczynienie z Harpagona postaci zakochanej nie stoi w sprzeczności z ogólnym portretem przedstawionym przez Moliera?

- Sztuka Moliera była przedmiotem kilku adaptacji filmowych, w tym adaptacji Christiana de Chalonge z 2006 roku. Jakie istotne zmiany (w zakresie treści, konstrukcji, gry aktorskiej itp.) związane są z przejściem ze sceny na ekran?

DALSZE CZYTANIE

WYDANIE REFERENCYJNE

Molière, J-B. (2000) *The Miser and Other Plays*. London: Penguin
Books Ltd.

BADANIA REFERENCYJNE

Strona internetowa Comédie-Française: <http://www.comedie-
francaise.fr/histoire-et-patrimoine.php?id=511>

ADAPTACJE

L'Avare. (2007) [Film telewizyjny]. Christian de Chalonge. Reż.
Francja: Jourd'hui Mitchell Productions.

L'Avare. (1977) [Komiks]. Jean Pierre Lihou. Wyd. Dessain i Tolra.

Chcemy usłyszeć od Ciebie, co się dzieje!
Zostaw komentarz na temat swojej internetowej biblioteki
i podziel się swoimi ulubionymi książkami w mediach społecznościowych!

www.50minutes.com

Master ISBN: 9782808693479
Papierowy ISBN: 9782808614870
Depozyt prawny: D/2023/12603/1767

Verhaal: © Primento

Projekt cyfrowy: Primento, cyfrowy partner wydawców.